SOCIÉTÉ D'AGRICULTURE, COMMERCE, SCIENCES ET ARTS

DU DÉPARTEMENT DE LA MARNE.

RAPPORT

SUR UN APPAREIL DESTINÉ A CONCENTRER DANS LE VIDE LES EXTRAITS PHARMACEUTIQUES,

Inventé par M. **GRANDVAL**, pharmacien des hôpitaux de Reims,

LU DANS LA SÉANCE DU 29 AOUT 1850,

AU NOM DE LA COMMISSION DU HUITIÈME CONCOURS,

Par M. Hippolyte FAURE,

Pharmacien, bachelier ès-sciences, membre adjoint du Jury médical, membre du Conseil d'hygiène publique et de salubrité, de la Société d'agriculture, commerce, sciences et arts, et de la Société de médecine vétérinaire du département de la Marne, correspondant de la Société d'émulation pour les sciences pharmaceutiques, etc.

CHALONS,

IMPRIMERIE DE BONIEZ-LAMBERT.

1850.

SOCIÉTÉ D'AGRICULTURE, COMMERCE, SCIENCES ET ARTS

DU DÉPARTEMENT DE LA MARNE.

RAPPORT

SUR UN APPAREIL DESTINÉ A CONCENTRER DANS LE VIDE LES EXTRAITS PHARMACEUTIQUES,

Inventé par M. GRANDVAL, pharmacien des hôpitaux de Reims,

LU DANS LA SÉANCE DU 29 AOUT 1850,

AU NOM DE LA COMMISSION DU HUITIÈME CONCOURS [1],

Par M. Hippolyte FAURE.

MESSIEURS,

Les agents que la thérapeutique emploie, pour le traitement des maladies, ne lui sont pas toujours fournis par la nature, dans un état convenable et tel qu'ils puissent être appliqués immédiatement à tous les besoins qui les réclament : c'est à la pharmacie qu'il appartient de leur faire subir les transformations propres à rendre leur mode d'action plus énergique et leur ad-

---

[1] *Commission* : MM. Salle, Picot, Eugène Perrier, Le Brun, Mohen et Faure.

d'opérer, faisait remarquer que la chaleur devait nuire à la qualité du produit, puisqu'une ébullition prolongée séparait une matière qu'il croyait de nature résineuse ; aussi recommandait-il de faire évaporer certains extraits au bain-marie.

Mais les rapides progrès de la chimie, progrès dont la pharmacie peut revendiquer sa part, devaient venir exercer bientôt sur cette profession une immense influence, en montrant les nombreux perfectionnements dont étaient susceptibles les divers procédés qu'elle met en usage.

Pendant que M. Charpentier, au Val-de-Grâce, et, après lui, M. Henry père, à la pharmacie centrale des hôpitaux de Paris, montraient que la décoction des plantes donne moins d'extrait soluble que la macération et l'infusion, MM. Kulhmann et Guibourt faisaient observer que les parties ligneuses des végétaux ramollies à la chaleur de l'ébullition, agissaient comme les tissus dans l'art de la teinture et absorbaient une certaine quantité de matières colorantes, astringentes et extractives.

Quelques années plus tard, MM. Boullay père et fils, proposaient d'appliquer aux préparations pharmaceutiques la lixiviation déjà usitée dans l'industrie, et dont MM. Robiquet et Payen s'étaient servi pour leurs recherches chimiques. Ce procédé connu depuis sous le nom de méthode de déplacement, fut étudié ensuite par M. Guillermond et par M. Soubeiran, et en dernier lieu par M. Dausse. Maintenant il est entré tout à fait dans la pratique de la pharmacie, où il rend d'éminents services. La préparation des extraits lui doit l'avantage d'avoir des solutions concentrées, faites à froid, et où la substance active que l'on veut séparer n'a encore éprouvé aucune espèce d'altération.

La soustraction du véhicule présentait aussi de grandes difficultés. Outre la modification produite par la coagulation de l'albumine végétale dans les sucs récents des plantes fraîches, on avait remarqué que l'application de la chaleur et le contact de l'air changeaient la nature de la substance extractive contenue dans la dissolution et la transformaient en partie en une matière insoluble. Cette matière entrevue par Baumé, était considérée par Vauquelin comme une combinaison de l'albumine avec la substance astringente de l'extrait, combinaison qu'il appelait tannate d'albumine. M. Guibourt estimait qu'elle devait être le produit de la réaction du tannin sur l'amidon, tandis que Berzélius pensait que l'évaporation causait une sorte d'oxydation de l'extrait, oxydation qui donnait naissance à un nouveau produit insoluble, de composition différente avec chaque espèce de plante, et qu'il appelait extractif oxygéné ou apothème. De son côté, M. de Saussure avait observé que, pendant l'évaporation, il y avait production d'acide carbonique par suite de l'union du carbone de l'extrait avec l'oxygène de l'air, et qu'en même temps il se formait de l'eau aux dépens de l'hydrogène et de l'oxygène contenus dans la substance même de l'extrait. C'est pourquoi, dans le but de remédier à cette altération, Berzélius conseillait de distiller dans l'alambic les solutions extractives pour en séparer le liquide dissolvant.

Cependant, comme on s'accorde à reconnaître que la chaleur élevée ou prolongée est encore plus nuisible que l'accès de l'air, la plupart des praticiens sont d'avis qu'il est préférable de faire évaporer les extraits au bain-marie, ou à feu nu sur un fourneau très petit comparativement à la grandeur de la bassine, en ayant soin, dans les deux cas, d'agiter continuellement la liqueur, afin de renouveler souvent les surfaces et d'accélérer ainsi l'opération. Disons que ce sont ces deux méthodes qui, dans les pharmacies, sont encore aujourd'hui le plus généralement adoptées. Il faut ajouter pourtant qu'on tire un excellent parti d'un procédé depuis longtemps usité pour la préparation des extraits secs (sels essentiels de La Garaye), et que M. Henry père a indiqué pour l'évaporation des sucs de plantes fraîches. Ce procédé consiste à distribuer le liquide extractif ou le suc en couches minces sur des assiettes et à l'exposer dans une étuve à une température peu élevée.

On avait pensé aussi que la concentration des extraits au contact de l'air serait rendue plus prompte et en même temps moins nuisible au produit en échauffant par la vapeur d'eau les vases contenant les solutions. C'est ainsi que M. Henry père avait fait établir à la pharmacie centrale un appareil composé d'une série de bassines communiquant entre elles par des tuyaux de cuivre, et toutes munies d'un double fond traversé par un courant de vapeur fournie par un générateur. M. Bernard-Derosne en avait aussi fait connaître un autre, fondé sur le même principe et chauffé de la même manière. Il consistait en un plateau de cuivre à rebords, divisé en plusieurs compartiments incomplets au moyen de lames de cuivre : l'extrait, versé par un robinet à la partie supérieure du plateau légèrement incliné, était obligé de parcourir tous les compartiments avant d'arriver à la partie inférieure. Cet appareil est encore employé dans l'établissement de MM. Bernard-Derosne et Ossian Henry; quant au premier, on a déjà depuis longtemps renoncé à s'en servir.

L'évaporation dans le vide paraissait devoir procurer assez d'avantages pour que cette opération fût également tentée; aussi a-t-on cherché à diverses reprises les moyens de l'appliquer à la préparation des extraits, et l'expérience a prouvé que ce mode d'opérer est en effet celui qui donne les meilleurs produits. L'emploi de la machine pneumatique, utile dans les recherches chimiques, ne saurait être proposé pour les préparations pharmaceutiques. L'appareil décrit par le docteur Ure, ceux qui sont établis dans les laboratoires de MM. Bernard-Derosne et Ossian Henry, ou de M. Ménier, sont très convenables assurément pour la concentration des extraits dans le vide, mais ils sont compliqués, coûteux, et ne peuvent être mis en usage que dans des établissements ayant d'importants débouchés. Tous se rapprochent plus ou moins de l'appareil de Roth et Bayvet, qui rend tant de services dans la fabrication du sucre.

M. Huraût a indiqué dernièrement un moyen de faire servir l'alambic ordinaire à l'évaporation des extraits dans le vide. La modification apportée dans ce but à cet instrument est à peu près celle qu'a conseillée M. Soubeiran pour la préparation des eaux distillées aromatiques. Quoique fort ingénieuse, cette méthode ne nous paraît pas exempte d'inconvénients, et nous ne croyons pas que dans les laboratoires elle soit encore tout-à-fait mise en pratique.

En faisant connaître l'invention de M. Grandval dans un ouvrage récemment publié, voici comment s'exprime l'auteur (1), pharmacien distingué et tout dévoué à sa profession :

« M. Grandval, pharmacien de l'hôpital de Reims, » a fait exécuter, il y a deux ans, aux frais du Cercle » pharmaceutique de la Marne, un appareil de son » invention, propre à préparer les extraits dans le vide, » qui nous paraît remplir complétement les condi- » tions de prix, d'emplacement et de simplicité dé- » sirables pour les laboratoires de pharmacie. »

Qu'on se figure deux vases en cuivre étamés inté-

(1) M. Dorvault: *L'Officine*, 5e édition.

rieurement, de forme ovoïde et de capacité différente ; chacun de ces vases est composé de deux calottes hémisphériques qui s'adaptent hermétiquement l'une à l'autre et sont retenues avec des écrous ; ils communiquent entre eux au moyen d'un tube en cuivre et sont munis de tubulures pour l'introduction ou la sortie des fluides. Un peu d'eau placée dans le fond de ces deux vases et portée à l'ébullition émet assez de vapeurs pour chasser l'air qu'ils renferment ; on retire successivement l'eau de chacun d'eux en se servant d'un siphon, et avec des précautions qui empêchent l'air de rentrer dans l'appareil. Un entonnoir à robinet vissé sur le plus petit vase permet d'introduire dans l'intérieur de celui-ci la liqueur à évaporer. Quelques charbons suffisent pour chauffer le bain-marie, dont on entoure sa partie inférieure, tandis qu'un filet d'eau versé sur le plus grand vase abaisse la température et produit le vide. Il en résulte que la vapeur formée dans le petit vase passe incessamment et se condense dans le plus grand, et qu'il se fait une véritable distillation qui se continue tant que la température des deux vases est différente.

La chaleur nécessitée par l'opération est si peu élevée qu'elle ne dépasse pas 40°, et que pourtant, en appliquant l'oreille à la partie supérieure du vase contenant l'extrait, on entend distinctement l'ébullition du liquide.

Dans une expérience faite à la pharmacie centrale des hôpitaux de Paris, l'appareil contenant seulement une certaine quantité d'eau, a été placé sur un feu très ardent; la température du bain-marie n'a pas dépassé 80°, celle de l'eau mise dans l'intérieur était de 55°, la température du bain-marie étant abaissée à 72° celle de l'intérieur est descendue à 45°. Enfin, en introduisant de l'eau dans l'appareil jusqu'à ce qu'il refusât d'en recevoir, on s'est assuré qu'il se remplissait presque complétement, ce qui indiquait la mesure de l'exactitude du vide.

Ajoutons maintenant que l'instrument de M. Grandval n'occupe guère qu'une surface d'un mètre, qu'il est très facile à conduire, et que de plus son prix est peu élevé. L'opération, une fois commencée, n'exige aucun soin; il suffit d'entretenir un peu de feu sous le vase où se fait l'évaporation et de faire couler constamment un courant d'eau sur le réfrigérant.

Au reste les échantillons qui sont mis sous vos yeux indiquent bien la perfection de l'appareil ainsi que les soins et l'habileté du préparateur. Les extraits des plantes herbacées résultent de l'évaporation du suc aqueux récemment exprimé, dépuré ou non dépuré, ceux tirés des plantes sèches proviennent de solutions extractives obtenues par la méthode de déplacement. Aussi ces extraits ont-ils conservé à un haut degré l'odeur, la saveur et jusqu'à un certain point la couleur propres aux plantes qui les ont fournis.

La concentration a été poussée dans l'appareil même jusqu'à siccité complète, et cependant rien n'indique que cette opération menée aussi loin ait nui à la qualité du produit. C'est là un avantage certain et qui mérite d'être signalé ; il permettra de substituer l'usage des extraits secs à celui des extraits mous jusqu'alors usités, et donnera ainsi au médecin les moyens de doser d'une manière encore plus exacte les médicaments dont il voudra conseiller l'emploi.

Tous les extraits en général, même ceux qui sont préparés dans les laboratoires les plus justement renommés, ont une coloration brune plus ou moins foncée, et quelquefois une odeur de cuit assez prononcée, dues à l'action de la chaleur pendant leur évaporation ; ils sont toujours incomplétement solubles. Ceux au contraire qui sont soumis à votre examen n'ont aucun de ces caractères, et ils se redissolvent entièrement dans le liquide qui a servi à leur extraction. Un de ces extraits, celui d'aconit, préparé avec le suc non dépuré, mis en contact avec l'eau, a donné une solution limpide qui, soumise à la chaleur, a laissé séparer de l'albumine coagulée, comme l'aurait fait le suc d'une plante fraîche.

Aussi quand on pense à la coagulation si facile de l'albumine au moyen d'une température peu élevée, puisqu'elle n'a pas besoin de dépasser 65°, quand on considère la prompte altération des matières tannantes et colorantes au contact de l'air et sous l'influence de la lumière et de la chaleur, on ne peut s'empêcher de regarder l'invention de M. Grandval comme un progrès incontestable, susceptible de fournir à l'industrie les applications les plus avantageuses. L'art du teinturier, par exemple, pour l'avancement duquel tant d'efforts heureux ont été faits depuis l'impulsion donnée par Berthollet, pourra bien lui devoir de nouveaux perfectionnements.

L'emploi de cet appareil pour la concentration des bouillons gélatineux ou pour l'évaporation du lait viendra s'ajouter aux moyens connus, et qui rendent déjà de grands services à l'alimentation, surtout pour l'approvisionnement de la marine dans les voyages de long cours. Vous avez entre les mains un extrait de lait qui remplit à cet égard toutes les conditions désirables, puisque, dissous dans la proportion d'eau qui lui a été enlevée par la préparation, il reproduit un lait auquel ne manque aucune des qualités de ce précieux liquide alimentaire.

Au surplus, M. Grandval a déjà reçu des hommes spéciaux, auxquels il a fait connaître son procédé, les témoignages les plus flatteurs. MM. Chevreul, Pelouze, Soubeiran, Chevallier, les membres de la Société de pharmacie de Paris, et d'autres savants qui ont vu fonctionner son appareil et qui ont examiné ses produits, se sont empressés de lui donner tout à la fois des conseils et des encouragements. Chaque année, dans la visite qu'il fait de la pharmacie des hôpitaux de Reims, le jury médical se plaît à reconnaître les soins et l'exactitude que ce praticien apporte dans toutes ses opérations, et jusque dans les détails même les plus modestes des fonctions qu'il remplit dans cet établissement.

Nous croyons devoir rappeler en terminant que c'est dans notre département que ce perfectionnement a pris naissance; c'est à Reims, sous les auspices éclai rés, et avec l'aide du Cercle pharmaceutique de la Marne, qu'essayant pour la première fois de mettre en pratique les idées qu'il avait conçues sur le sujet qui nous occupe, M. Grandval a commencé ses expériences, et obtenu ses premiers produits. Aussi, Messieurs, en appliquant les termes du programme de vos concours (1) à une invention dont vous reconnaissez l'utilité actuelle, et dont vous prévoyez les heureux résultats pour l'avenir, vous jugerez sans doute convenable d'accorder à l'inventeur une de vos distinctions les plus élevées.

En conséquence, votre commission du huitième concours reconnaissant tout le mérite de l'appareil qui lui est indiqué pour la concentration des extraits dans le vide, et de plus appréciant la perfection des produits qui ont été soumis à la Société, vous propose de décerner une médaille d'or à M. Grandval, pharmacien des hôpitaux de Reims.

Les conclusions de ce rapport ont été adoptées dans la séance du 29 *août* 1850.

---

(1) Aux termes de l'article 4 de son réglement, la Société distribue, chaque année, « des médailles aux agriculteurs, commerçants, industriels, artistes, et généralement à tous ceux dont les travaux lui paraissent dignes d'être encouragés et offerts en exemple. »

www.ingramcontent.com/pod-product-compliance
Ingram Content Group UK Ltd.
Pitfield, Milton Keynes, MK11 3LW, UK
UKHW021018220726
13924UKWH00001B/55

9 782019 222208